你真棒

كفو عليك

中外语言交流合作中心　组编

外语教学与研究出版社
北京

图书在版编目（CIP）数据

你真棒. 1A：汉文、阿拉伯文 ／ 中外语言交流合作中心组编. —— 北京：外语教学与研究出版社，2023.11
ISBN 978-7-5213-4915-3

Ⅰ. ①你… Ⅱ. ①中… Ⅲ. ①汉语－对外汉语教学－教材 Ⅳ. ①H195.4

中国国家版本馆 CIP 数据核字 (2023) 第 233335 号

出 版 人　王　芳
项目策划　鞠　慧　向凤菲
责任编辑　张楚玥
责任校对　崔　超
装帧设计　梧桐影
美术统筹　王　润
插图设计　张耀云　潘　越　张嘉婧
出版发行　外语教学与研究出版社
社　　址　北京市西三环北路 19 号（100089）
网　　址　https://www.fltrp.com
印　　刷　天津善印科技有限公司
开　　本　787×1092　1/16
印　　张　6
版　　次　2024 年 1 月第 1 版 2024 年 1 月第 1 次印刷
书　　号　ISBN 978-7-5213-4915-3
定　　价　59.00 元

如有图书采购需求，图书内容或印刷装订等问题，侵权、盗版书籍等线索，请拨打以下电话或关注官方服务号：
客服电话：400 898 7008
官方服务号：微信搜索并关注公众号"外研社官方服务号"
外研社购书网址：https://fltrp.tmall.com

物料号：349150001

你真棒 كفو عليك

总策划	التصميم العام
马箭飞	ما جيانفي

总监制	الإنتاج التنفيذي العام
宋永波　刘　捷	سونغ يونغبوه　ليو جيه

主　编	رئيس التحرير
周　芳	تشو فانغ

编　者	المؤلف
江晨皓　徐晓琛　许依萍	شو بي بينغ　شو شياو تشن　جيانغ تشن هاو

阿拉伯文翻译及审订	الترجمة إلى اللغة العربية والتصحيح
马全明	ما تشوان مينغ
[约旦] 努埃尔·尤尼斯·阿萨夫	نوال يونس عساف (الأردن)
[约旦] 穆罕默德·艾哈迈德·阿萨夫	محمد أحمد عساف (الأردن)

编　辑	التحرير
鞠　慧　向凤菲　杨　益	جيوي هوي　شيانغ فنغ في　يانغ يي
崔　超　张楚玥　谢　菲	تسوي تشاو　تشانغ تشو يو　شيه في

前言

在共建"一带一路"框架下，中国和阿拉伯国家在经济、文化、教育等领域的交流与合作不断加深。为了满足和适应阿拉伯国家少年儿童中文学习需求，中外语言交流合作中心开发了阿拉伯语注释的小学中文教材——"你真棒"系列。该系列教材适应阿拉伯国家宗教传统、风俗习惯和社情学情，语言等级参照《国际中文教育中文水平等级标准》和中小学生汉语考试大纲。

"你真棒"系列具有四大特色。

一、立足语言学习，促进全面发展

将中文学习与跨学科融合、多元认知、文化包容、国际视野等结合起来，充分利用小学生早期教育阶段的优势，在为小学生打下良好中文基础的同时，培养其成为适应世界发展的多语种、高素质人才。

二、贴近本土生活，激发学习兴趣

根据阿拉伯国家基础教育学制，本系列教材分为四级，每级包括A、B、C三册。教材中的人物形象和交际场景符合阿拉伯国家小学生真实情况，教学顺序安排与课堂活动设计尊重当地风俗习惯，通过插图营造真实生动的本土化语境，力求最大程度激发学生的学习兴趣。

三、采用模块设计，便于灵活使用

本系列教材采用模块化形式设计，每册课本包括2—3个大主题，每个大主题下按功能分为11—12个小课式模块，小课式模块包括词语、句型、练习、游戏、汉字、故事、文化、课后任务、自测等，内容涵盖所有教学环节。这样的设计减轻了集中学习词语和句子的压力，便于教师自由组合课堂内容、提高教学效率。

四、融入多元文化，注重人文关怀

　　本系列教材体现人文关怀，注重培养学生的多元认知能力。文化教学内容既包括中阿不同文化之间的贯连，也包括中文与不同学科之间的贯连。教材设计了"故事会/小剧场""看世界""小任务"等模块，并通过课后互动将中文学习延伸至家庭，鼓励家长参与到学生中文学习的过程中。

　　少年儿童是世界的未来。希望"你真棒"系列教材能够成为阿拉伯国家少年儿童了解中国语言和文化的窗口，为促进中阿相互理解发挥积极作用。

中外语言交流合作中心

2023年2月

مقدمة

حرصا على تعزيز التبادل والتعاون بين جمهورية الصين الشعبية والدول العربية في مجالات الاقتصاد والثقافة والتعليم في إطار البناء المشترك لمبادرة "الحزام والطريق"، ومن أجل تلبية احتياجات الأطفال في الدول العربية إلى تعلم اللغة الصينية، فقام مركز التبادل الدولي للتعليم اللغوي، بتأليف نسخة عربية من الكتاب المدرسي للمدارس الابتدائية بعنوان " كفو عليك ". حيث يتناسب هذا الكتاب مع الثقافة الدينية والتقاليد والعادات والظروف الاجتماعية والدراسية في البلدان العربية. ويرجع مستوى اللغة إلى "معايير مستوى اللغة الصينية لتعليم اللغة الصينية الدولي" و "مخطط امتحان YCT (Youth Chinese Test) ."

يمتاز كتاب "كفو عليك" بأربعة خصائص.

1 يستند إلى تعلم اللغة وتعزيز التنمية الشاملة

يجمع الكتاب بين تعلم اللغة الصينية، والمعارف المتعددة، والتسامح الثقافي، والمنظور الدولي، وكذلك الاستفادة الكاملة من مزايا طلبة المدارس الابتدائية في مرحلة التعليم المبكر، ويعزز أسس تعلم اللغة الصينية بشكل متميز لطلبة المدارس الابتدائية، وتحفيز الطلبة ذوي القدرات والموهبة العالية على تعلم اللغات المختلفة بجودة تلبي حاجات تطور العالم.

2 مرتبط بالحياة المحلية ويحفز الاهتمام بالتعلم

ينقسم كتاب (كفو عليك) المدرسي إلى أربعة مستويات ويشتمل كل مستوى على ثلاث مجلدات (A و B و C) بحيث يمثل كل مجلد فصلاً دراسيا. وقد ركز الكتاب على اختيار أسماء للشخصيات ووصف الأحداث والمشاهدات بحيث تتوافق مع دراسة طلبة المدارس الابتدائية وحياتهم في الدول العربية. كما جاء ترتيب وتسلسل الدروس وتصميم الأنشطة الصفية في الكتاب متماشيا مع التقاليد والعادات المحلية، هذا وقد تم دعم الكتاب بالرسوم التوضيحية التي تخلق بيئة محليةً حقيقيةً وحيويةً من أجل تحفيز اهتمام الطلبة وتشجيعهم على التعلم.

3 التصميم المعياري والمرونة

يتبنى الكتاب المدرسي تصميمًا معياريًا، حيث يشتمل الكتاب المدرسي على موضوعين أو ثلاثة مواضيع رئيسة (وحدة)، وينقسم كل موضوع رئيس حسب أهدافه إلى (11-12) درس صغير.

تحتوي هذه الدروس على أقسام من كلمات وجمل ومقاطع صينية وقصص قصيرة تتناسب مع ثقافة الدولة، بالإضافة إلى تمرينات وألعاب وأنشطة صفية ولاصفية وكذلك الاختبار الذاتي. وقد صمم الكتاب ليغطي جميع الأهداف التعليمية بحيث يقلل هذا التصميم من ضغط تعلم الكلمات والجمل في كل درس، ويسهل على المعلمين ترتيب جميع محتويات الوحدة بحرية مما يسهم في تحسين نتائج التدريس.

4 التعددية الثقافية والاهتمام بالرعاية الإنسانية

يمثل الكتاب المدرسي الاهتمام برعاية الطلاب ويركز على تنمية القدرات المعرفية المتعددة للطلبة. كما يركز على التماسك بين الثقافات المختلفة في جمهورية الصين الشعبية والدول العربية، وأيضًا التكامل بين اللغة الصينية والمواد المختلفة. وقد صمم كتاب " كفو عليك " المدرسي إلى عدة أقسام مثل "جلسات القصص / المسرح الصغير" و "شاهد العالم" و"المهمة الصغيرة"، بحيث تسهم تلك الأنشطة في دمج أولياء الأمور في العملية التعليمية وتشجعهم على المشاركة في تعليم الأطفال اللغة الصينية.

الأطفال هم مستقبل العالم لذا نتمنى أن تكون سلسلة الكتب المدرسية " كفو عليك " نافذة لأطفال في الدول العربية لفهم الثقافة الصينية، وتعزيز التفاهم والتعاون بين الصين والدول العربية.

مركز التبادل الدولي للتعليم اللغوي
فبراير عام 2023

人物介绍
التعريف بالشخصيات

xiǎo jìng
小 静
شياو جينغ

tiān tiān
天 天
تيان تيان

ài shā
艾 莎
عائشة

ā lǐ
阿 里
علي

lì li
莉 莉
ليلى

mài kè
麦 克
مايك

目录
الفهرس

第 **1** 课
الدرس الأول

学词语1
تعلم الكلمات 1

1 看一看，听一听，读一读。 انظر واستمع واقرأ. 🔊 1-1

yī

一

èr

二

sān

三

sì

四

wǔ

五

2 数一数，将图片和数字连线。 عد ثم صل بين الرقم وصورته.

3 听一听，按照听到的顺序为词语标序号。 1-2

استمع إلى التسجيل، واكتب الرقم تحت الكلمة وفق ما سمعت.

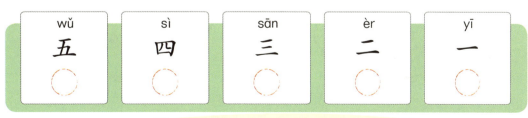

说一说1

هيا نتحدث 1

1 看一看，听一听，说一说。 انظر واستمع وتحدث. 🔊 1-3

yī èr sān　nǐ hǎo　nǐ hǎo
一二三，你好！你好！

nǐ men hǎo
你们好！

yī èr sān sì　lǎo shī hǎo
一二三四，老师好！

yī èr sān　xiè xie　xiè xie
一二三，谢谢，谢谢，

xiè xie nǐ
谢谢你！

yī èr sān sì　zài jiàn la
一二三四，再见啦！

2 角色扮演。 هيا نلعب الأدوار.

第 **3** 课
الدرس الثالث

学词语2
تعلم الكلمات 2

1 看一看，听一听，读一读。 انظر واستمع واقرأ. 🔊 1-4

2 数一数，说一说图中物品分别有多少。 عد الأشياء التالية ثم تحدث عن عددها.

liù

六

qī

七

bā

八

jiǔ

九

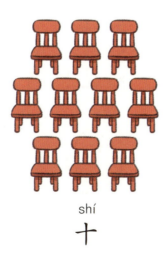

shí

十

第 4 课　　说一说2

第 **4** 课
الدرس الرابع

说一说2
هيا نتحدث 2

1 看一看，听一听，说一说。انظر واستمع وتحدث. 🔊 1-5

yī èr sān　　xiè xie nǐ
一二三，谢谢你！

sì wǔ liù　　bú kè qi
四五六，不客气。

wǔ liù qī　　duì bu qǐ
五六七，对不起。

bā jiǔ shí　　méi guān xi
八九十，没关系。

yī èr sān sì wǔ liù qī
一二三四五六七，

zài jiàn　　zài jiàn　　zài jiàn la
再见！再见！再见啦！

2 根据场景选择常用语，填写序号，然后演一演。

حدد الجمل الشائعة التالية وفقا للمشهد، واكتب الرقم المتسلسل ثم العب مثل الدور.

duì bu qǐ
❶对不起！

xiè xie
❷谢谢！

bú kè qi
不客气。

méi guān xi
没关系。

第 **5** 课   练一练
الدرس الخامس   التدريبات

1 从1到10数一数，哪些数字不见了？ 🔊 1-6

عد من 1 إلى 10 ثم أخبر معلمك أي رقم غير موجود؟

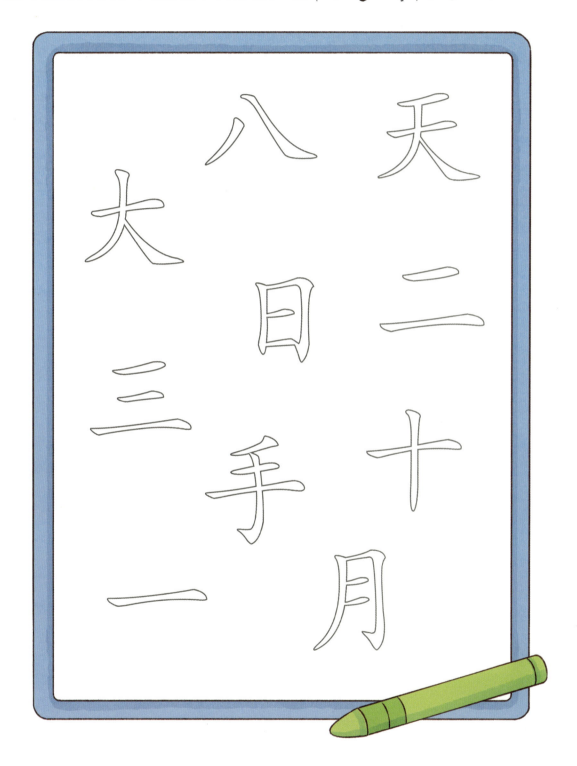

2 找出以下汉字中的数字，并涂色。 ابحث عن الأرقام في المقاطع التالية ثم لوّنها.

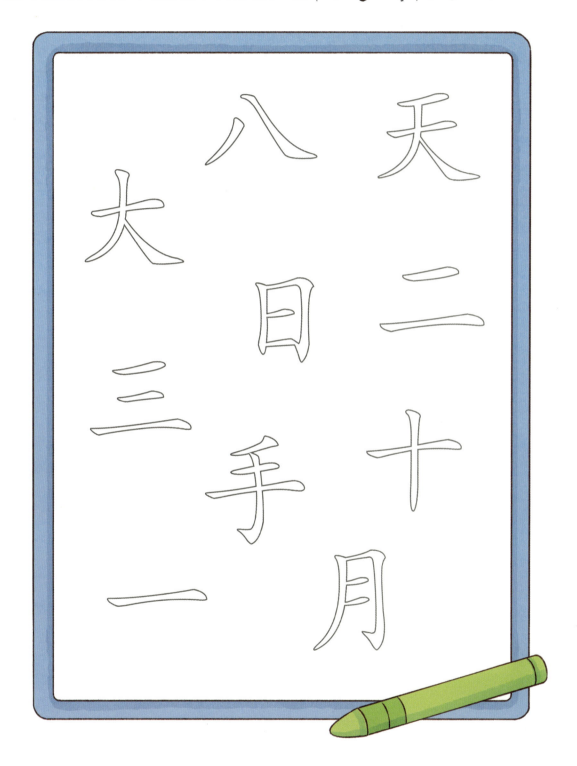

第 **6** 课   **做游戏**
الدرس السادس   الألعاب

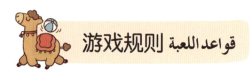 游戏规则 قواعد اللعبة

你做我说。 أقول الكلمة وأنت تمثلها.

① 老师先教同学们如何用手势表示数字。
أولا يعلم المعلم الطلاب كيفية استخدام الإيماءات لتمثيل الأرقام.

② 老师做手势，同学们抢答手势对应的数字。
يقوم المعلم بإيماءة رقمية، ويسارع الطلاب بالإجابة عن الرقم المقابل.

③ 老师可以分组组织这个游戏，各组累计计分，
最终得分高的小组获胜。
يمكن للمعلم تقسيم الطلبة إلى مجموعات للعبة، ويقوم بتجميع النقاط لكل مجموعة،
ستفوز المجموعة تحصل على أكثر النقاط.

第 **7** 课　学汉字
الدرس السابع　تعلم المقاطع الصينية

1 看一看，写一写。 انظر واكتب.

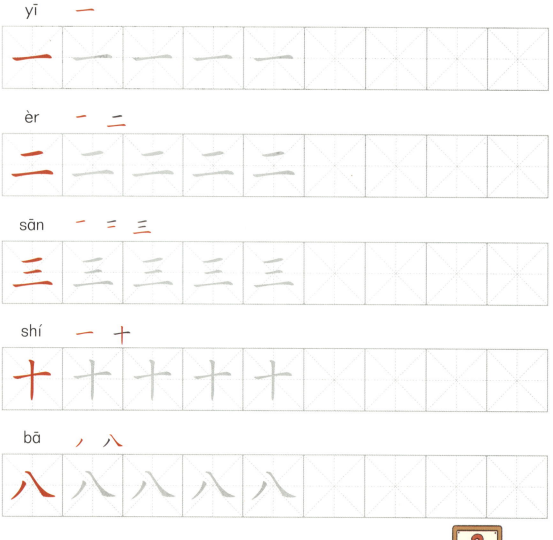

2 小挑战：按正确的方向描写出缺少的汉字笔画。

التحديات الصغيرة: اكتب الجزء الناقص للمقاطع التالية بخطوات صحيحة.

💡 想一想下面哪个是笔画"横"的正确书写方向。（正确的画 √）

فكّر أيهما صحيح في الجزء "heng". (اكتب علامة √)

○ 从左往右 من اليسار إلى اليمين
────────▶

○ 从右往左 من اليمين إلى اليسار
◀────────

第 **8** 课　故事会　◀))1-7

القصص

الدرس الثامن

yī　èr　sān　sì　wǔ　liù　qī
一、二、三、四、五、六、七。

shí
十！

jiǔ
九！

bā
八！

 请你帮鸭妈妈找找10只小鸭子。 هيا نساعد أم البطة على البحث عن أولادها العشرة.

第9课　看世界
第9课
هيا نشاهد العالم
الدرس التاسع

重要的公共电话号码 أرقام الهواتف الهامة

急救号码

120（中国）　　　　　　998（阿联酋）

رقم الإسعاف

火警号码

119（中国）　　　　　997（阿联酋）

رقم الإطفاء

报警号码

110（中国）　　　　　999（阿联酋）

رقم الشرطة

第**10**课　小任务
الدرس العاشر　المهمة الصغيرة

1 回家后用中文读出爸爸妈妈的电话号码。 اقرأ لوالديك أرقامهما الهاتفية باللغة الصينية.

2 制作姓名卡。 اصنع بطاقة تعريفية.

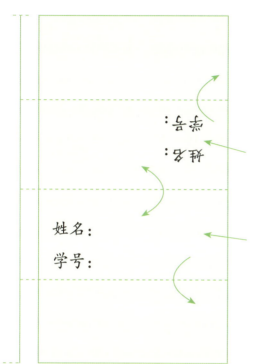

写出你的中文姓名和学号。

اكتب اسمك ورقم الطالب باللغة الصينية.

写出你的阿拉伯语姓名和学号。

اكتب اسمك ورقم الطالب باللغة العربية.

第 **11** 课   测一测

الدرس الحادي عشر   الاختبار

1 听录音，选择正确答案。   استمع إلى التسجيل، واختر الجواب الصحيح.   🔊 1-8

❶	A sān 三	B yī 一	⭕
❷	A èr 二	B wǔ 五	⭕
❸	A sì 四	B shí 十	⭕
❹	A liù 六	B jiǔ 九	⭕
❺	A qī 七	B bā 八	⭕

2 根据图片选择正确的句子。 اختر الجملة الصحيح وفق الصور التالية.

nǐ hǎo
A 你好。

xiè xie
B 谢谢。

bú kè qi
A 不客气。

duì bu qǐ
B 对不起。

xiè xie
A 谢谢。

méi guān xi
B 没关系。

duì bu qǐ
A 对不起。

zài jiàn
B 再见。

Speech bubble:
tā jiào xiǎo jìng　　tā liù suì
她叫小静。她六岁。

学习目标 الأهداف التعليمية

❶ 学习自我介绍

أن يتعلم الطالب كيفية التعريف بنفسه

❷ 学习介绍自己的年龄

أن يتعلم الطالب كيفية التعبير عن العمر

❸ 学写汉字：六，七，九，人
　　六，七，九，人：أن يكتب الطالب المقاطع الصينية

❹ 看世界：了解人的年龄和成长变化

هيا نشاهد العالم: الأعمار البشرية وتطوراتها

第 **1** 课
الدرس الأول

学词语1
تعلم الكلمات 1

1 看一看，听一听，读一读。انظر واستمع واقرأ。 🔊 2-1

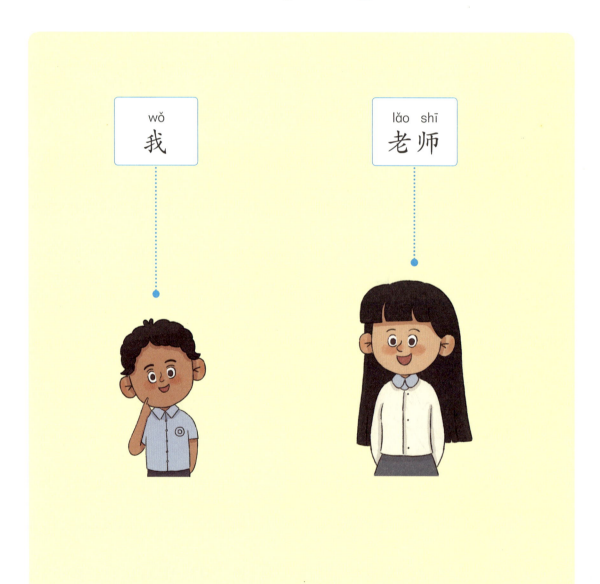

wǒ
我

lǎo shī
老 师

2 看一看，从句子中圈出目标词语。 انظر وضع الدائرة على الكلمة المطلوبة.

hǎo 好　جيد	nǐ hǎo 你(好)！	lǎo shī hǎo 老师(好)！
jiào 叫　يسمى	wǒ jiào ā lǐ 我叫阿里。	wǒ jiào tiān tiān 我叫天天。
suì 岁　سنة(للعمر)	wǒ liù suì 我六岁。	wǒ qī suì 我七岁。

3 听一听，按照听到的顺序为词语标序号。 🔊 2-2

استمع إلى التسجيل، واكتب رقم الترتيب تحت الكلمة وفق ما سمعت.

nǐ hǎo 你好　　liù suì 六岁　　lǎo shī 老师　　wǒ 我

第 **2** 课
الدرس الثاني

说一说1
هيا نتحدث 1

1 看一看，听一听，说一说。 انظر واستمع وتحدث. 🔊 2-3

tā jiào ài shā
她叫艾莎。
tā liù suì
她六岁。

2 画一画，然后用中文介绍一下你自己。 ارسم صورة عن نفسك، ثم عرفها لزملائك.

wǒ jiào
我叫_____。
wǒ   suì
我_____岁。

第**3**课 الدرس الثالث

学词语2
تعلم الكلمات 2

1 看一看，听一听，读一读。 انظر واستمع واقرأ.  2-4

2 看一看，将词语和图片连线。 انظر ثم صل بين الكلمة وصورتها.

nǐ
你　●

tā
她　●

tā
他　●

第 **4** 课 说一说2
الدرس الرابع هيا نتحدث 2

1 看一看，听一听，说一说。 انظر واستمع وتحدث. 🔊 2-5

tā jiào xiǎo jìng　　tā liù suì
她叫小静。她六岁。

tā jiào tiān tiān　　tā liù suì
他叫天天。他六岁。

2 画一画，然后用中文介绍一下你的朋友。 ارسم صورة عن صديقك، ثم عرفها لزملائك.

tā　tā　jiào
他／她叫＿＿＿＿＿＿。

tā　tā　　　　　　suì
他／她＿＿＿＿＿＿岁。

第 **5** 课   练一练
الدرس الخامس   التدريبات

1 听录音，大声读。 استمع إلى التسجيل ثم اقرأ بصوت مسموع. 🔊 2-6

suì
岁
liù suì
六 岁
wǒ liù suì
我 六 岁。

jiào
叫
wǒ jiào
我 叫
wǒ jiào ā lǐ
我 叫 阿里。

hǎo
好
nǐ hǎo
你 好！
lǎo shī hǎo
老师好！

2 连一连。توصيل.

wǒ yí suì
我一岁 ●

wǒ sān suì
我三岁 ●

wǒ wǔ suì
我五岁 ●

wǒ shí suì
我十岁 ●

●

●

●

●

第**6**课 做游戏
الدرس السادس　الألعاب

 游戏规则　قواعد اللعبة

1 大小声。صوت كبير وصغير.

❶ 老师先示范游戏规则：老师大声读，同学们就要小声读，老师小声读，同学们就要大声读。

أولا يوضح المعلم قواعد اللعبة: يقرأ المعلم بصوت عالٍ، ويقرأ الطلاب بصوت منخفض، أو يقرأ المعلم بصوت منخفض، ويقرأ الطلاب بصوت عال.

❷ 老师可将同学们分成小组做游戏，各组累计计分。

يمكن المعلم تقسيم الطلاب إلى مجموعات، ثم تقوم كل مجموعة بلعبة وتجميع النقاط.

2 传声筒。 لعبة ميكروفون (نقل الأصوات).

1 老师将同学们分组，3—6人一组，各组同学站成一排，彼此之间保持适当的距离。

أولا يقسم المعلم الطلاب إلى مجموعات، وكل مجموعة تتكون من 3-6طلاب، ويقف أعضاء كل مجموعة في صف واحد ويحافظون على مسافة مناسبة لبعضهم البعض.

2 老师给第一名同学看卡片上的句子，第一名同学小声传给第二名同学，以此类推，直到最后一名同学。

يعرض المعلم الجملة على بطاقة للطالب الأول من المجموعة، ثم يهمس بها الطالب الأول للطالب الثاني وهكذا حتى آخر طالب.

3 最后一名同学在黑板上指出听到的句子，答对的话，该组加1分。

يشير الطالب من المجموعة إلى الجملة التي سمعها على السبورة، وإذا أجاب بشكل صحيح، فستنال المجموعة نقطة واحدة.

4 为了增加游戏难度，老师可以适当增加句子的数量。

يمكن للمعلم زيادة عدد الجمل بشكل مناسب من أجل زيادة صعوبة اللعبة.

tā liù suì
她六岁。

第**7**课　学汉字

الدرس السابع　تعلم المقاطع الصينية

1 看一看，写一写。انظر واكتب.

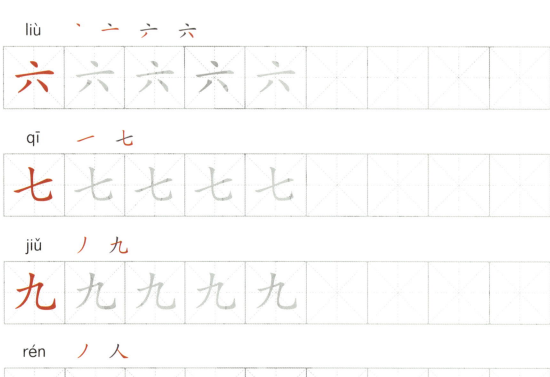

liù　丶　一　六　六

六　六　六　六　六

qī　一　七

七　七　七　七　七

jiǔ　丿　九

九　九　九　九　九

rén　丿　人

人　人　人　人　人

2 小挑战：数一数，写出汉字笔画数。 التحديات الصغيرة: عد خطوات المقاطع ثم أكتب رقمها.

❶ 汉字是由笔画组成的，你能数出下面的汉字有多少笔画吗？

تتكون المقاطع الصينية من العديد من الخطوات، هل يمكنك عد الخطوات في الكلمات الصينية التالية؟

七	一	し	
九	ノ	乙	
我	丿 一 亅 一 乀 丶	

❷ 试一试，写出下面汉字的笔画，并说出笔画数。

حاول أن تكتب عدد خطوات الكلمات التالية، ثم تحدث عنها.

| 人 | |
| 六 | |

第 **8** 课　故事会　🔊 2-7
الدرس الثامن　القصص

1
lì li　　nǐ hǎo
莉莉！你好！

2
ài shā　　nǐ hǎo
艾莎！你好！

2
nǐ hǎo　　wǒ jiào fǎ dì mǎ
你好！我叫法蒂玛。

2
wǒ jiǔ suì
我九岁。

1
zhè shì wǒ de jiě jie
这是我的姐姐。

1
fǎ dì mǎ　　nǐ jǐ suì
法蒂玛，你几岁？

3
nǐ hǎo　　wǒ jiào lì li
你好！我叫莉莉。

第 9 课 看世界
هيا نشاهد العالم
الدرس التاسع

人的年龄和成长变化 الأعمار البشرية وتطوراتها

yí suì
一岁

sì suì zhì wǔ suì
四岁至五岁

jiǔ suì zhì shí suì
九岁至十岁

shí sì suì zhì shí wǔ suì
十四岁至十五岁

shí bā suì
十八岁

第**10**课　小任务
الدرس العاشر　المهمة الصغيرة

1 请给朋友制作一张生日贺卡。 هيا نعمل بطاقة عيد الميلاد لصديقك.

2 和妈妈一起装饰生日蛋糕。 زيّن كعكة يوم الميلاد مع أمك.

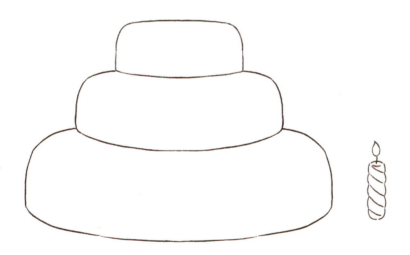

 记得插上相应数量的蜡烛哦！ لا تنس إدخال عدد الشموع المناسبة!

第**11**课 测一测

الدرس الحادي عشر الاختبار

1 听录音，判断对错，正确的画√，错误的画×。 🔊 2-8

استمع إلى التسجيل وضع علامة (√) أو (×) في المكان المناسب.

2 看一看，选出与句子匹配的图片。 انظر واختر الصورة التي تناسب الجملة.

A

B

C

D

wǒ liù suì
1 我六岁。　　　　　　　　　　（　）

wǒ jiào ài shā
2 我叫艾莎。　　　　　　　　　（　）

lǎo shī hǎo
3 老师好！　　　　　　　　　　（　）

nǐ hǎo
4 你好！　　　　　　　　　　　（　）

nǐ hǎo　　wǒ jiào ā lǐ
你好！我叫阿里。
wǒ shì ā lián qiú rén
我是阿联酋人。
wǒ liù suì
我六岁。

xiè xie　　zài jiàn
谢谢！再见！

学习目标　الأهداف التعليمية

❶ 学习国家类名词

أن يتعلم الطالب الكلمات الدالة على أسماء الدول.

❷ 学习介绍自己的国籍

أن يتعلم الطالب كيفية التعريف بجنسيته

❸ 学写汉字：中，国，阿，联，酋

中，国，阿，联，酋 أن يكتب الطالب المقاطع الصينية:

❹ 看世界：了解不同国家的传统服饰

هيا نشاهد العالم: أن يتعرف الطالب على الأزياء التقليدية في مختلف الدول

البلدان

第 **1** 课　　学词语1
　　　　　　　تعلم الكلمات 1
الدرس الأول

1 看一看，听一听，读一读。انظر واستمع واقرأ. 🔊 3-1

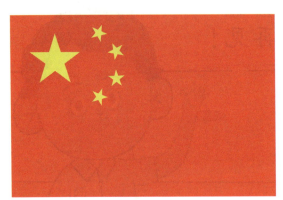

zhōng guó
中 国

rén
人

ā lián qiú
阿联酋

2 看一看，圈出目标词语。 انظر الجملة التالية ثم ضع الدائرة على الكلمة المطلوبة.

shì 是　　يكون

shì ā lián qiú rén
(是)阿联酋人

wǒ shì ā lián qiú rén
我(是)阿联酋人。

shì 是　　يكون

shì zhōngguó rén
是中国人

lǎo shī shì zhōngguó rén
老师是中国人。

第 **2** 课
الدرس الثاني

说一说1
هيا نتحدث 1

1 看一看，听一听，说一说。 انظر واستمع وتحدث. 🔊 3-2

wǒ shì yīng guó rén
我是英国人。

wǒ shì zhōngguó rén
我是中国人。

wǒ shì ā lián qiú rén
我是阿联酋人。

2 看图说话，然后画一画，介绍一下你自己的国籍。

wǒ shì zhōngguó rén
我是中国人。

wǒ shì ā lián qiú rén
我是阿联酋人。

wǒ shì   rén
我是＿＿＿＿＿＿人。

第**3**课   学词语2
الدرس الثالث   تعلم الكلمات 2

1 看一看，听一听，读一读。 انظر واستمع واقرأ.   🔊 3-3

shā tè
沙特

ā màn
阿曼

āi jí
埃及

yīng guó
英国

fǎ guó
法国

měi guó
美国

2 写一写他们是哪国人，然后说一说。 اكتب جنسيتهم ثم تحدث عنها.

yīng guó
英国

yīng guó rén
英国人

fǎ guó
法国

＿＿＿＿＿＿＿

měi guó
美国

＿＿＿＿＿＿＿

āi jí
埃及

＿＿＿＿＿＿＿

shā tè

沙特

_____

ā màn

阿曼

_____

zhōng guó

中国

_____

ā lián qiú

阿联酋

_____

第**4**课
الدرس الرابع

说一说2
هيا نتحدث 2

1 看一看，听一听，说一说。انظر واستمع وتحدث. 🔊 3-4

nǐ hǎo　　wǒ jiào ā lǐ　　wǒ shì ā lián qiú rén
你好！我叫阿里。我是阿联酋人。
wǒ liù suì　　xiè xie　　zài jiàn
我六岁。谢谢！再见！

2 画一画，然后介绍一下你自己。 ارسم صورة عن نفسك ثم تحدث عنها.

nǐ hǎo
你 好！

wǒ jiào
我 叫 ＿＿＿＿＿。

wǒ shì　　　　　rén
我 是 ＿＿＿＿＿人。

wǒ　　　　　suì
我 ＿＿＿＿＿岁。

xiè xie
谢 谢！

zài jiàn
再 见！

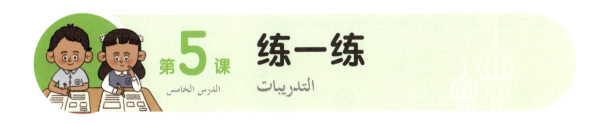

第 **5** 课　练一练
الدرس الخامس　التدريبات

1 听一听，按照听到的顺序为词语标序号。　🔊 3-5

استمع إلى التسجيل، واكتب الرقم تحت الكلمات وفق ما سمعت.

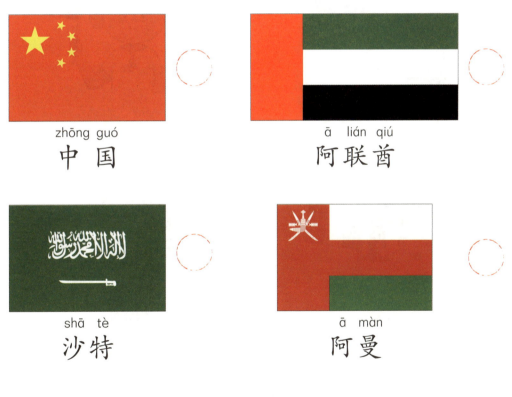

zhōng guó
中国

ā lián qiú
阿联酋

shā tè
沙特

ā màn
阿曼

yīng guó
英国

2 选一选，说一说。 اختر الصورة وتحدث عنها.

zhōng guó rén
❶ 中 国 人

ā lián qiú rén
❷ 阿联酋人

shā tè rén
❸ 沙特人

fǎ guó rén
❹ 法国人

yīng guó rén
❺ 英国人

wǒ shì
我是＿＿＿＿＿。

tā shì
他是＿＿＿＿＿。

tā shì
她是＿＿＿＿＿。

mài kè shì
麦克是＿＿＿＿＿。

lǎo shī shì
老师是＿＿＿＿＿。

第6课　做游戏
الدرس السادس　الألعاب

游戏规则　قواعد اللعبة

1 一二三，请转身！　واحد اثنان ثلاثة وأدر جسمك!

❶ 老师找两名同学到教室前，背对背站好，然后
给每人发一张词语卡片。

يدعو المعلم طالبين إلى أمام الصف، والوقوف ظهرا بظهر، ويقدم لكل منهما بطاقة كلمة.

❷ 老师拉长声音数三个数字："一、二、三。"
同学按照老师数数的节奏分别往前走。

يعد المدرس ثلاثة أرقام بصوت ممتد: "واحد، اثنان، ثلاثة"، ويتقدم الطلاب وفقًا لإيقاع المعلم.

❸ 老师数到三以后，突然说："请转身！"两名
同学转过身来，快速读出对方词卡上的词语。
先读对的同学获胜。

بعد أن يعد المعلم إلى ثلاثة، يقول فجأة "أدر جسمك!" يستدير الطالبان ويقرأن الكلمات الموجودة على البطاقات الخاصة بسرعة. ويفوز أول طالب يقرأ بالشكل الصحيح.

yī   èr   sān
一、二、三。

qǐng zhuǎn shēn
请 转 身!

ā   lián   qiú
阿联酋。

2 卡片配对。 تطابق البطاقات.

① 3—4人一组。老师准备好成对的图卡和词语卡片，将卡片打乱顺序，正面朝下摆在桌子上。

يكوّن المعلم مجموعة من 3-4 طلاب، ثم يقوم بإعداد أزواج من بطاقات الصور وبطاقات الكلمات الصينية ويخلط البطاقات، ويقلب وجهها للأسفل، ويضعها على الطاولة.

② 同学们轮流翻卡片，每人每次任意翻开两张。如果图文匹配，可以拿走这两张卡。如果图文不一致，要把卡片正面朝下放回原处，换其他同学翻卡片。

يتناوب الطلاب على قلب البطاقات، ويمكن لكل طالب تسليم بطاقتين في المرة الواحدة، إذا تطابقت الكلمة والصورة، يمكن للطالب أخذ كلتا البطاقتين. إذا كانت الصورة والكلمة غير متطابقة، يجب على الطالب أن يضع وجه البطاقة للأسفل ويعيدها إلى مكانها الأصلي، كي يقلب البطاقة طالب آخر.

③ 桌子上的卡片拿完后，拿到最多卡片的同学获胜。

عندما تنتهي جميع البطاقات، يفوز الطالب الذي حصل على أكثر البطاقات.

ā lián qiú rén
阿联酋人。

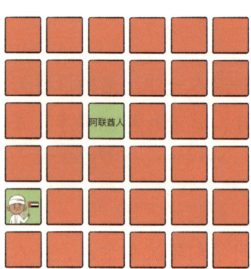

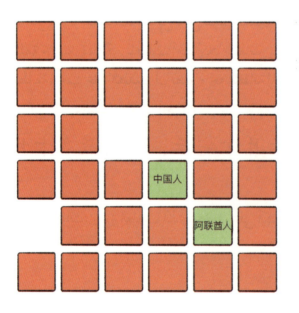

第7课　学汉字
الدرس السابع　تعلم المقاطع الصينية

1 看一看，写一写。 انظر واكتب.

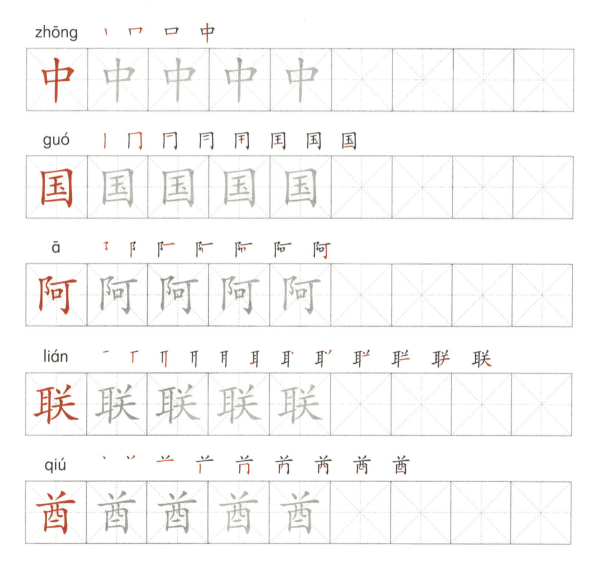

zhōng　丶　冂　口　中
中　中　中　中　中

guó　丨　冂　冂　冃　囯　国　国
国　国　国　国　国

ā　⺕　阝　阝　阿　阿　阿　阿
阿　阿　阿　阿　阿

lián　一　丆　丁　开　开　耳　耳　耴　联　联　联　联
联　联　联　联　联

qiú　丶　丷　丷　广　斺　芮　酋　酉
酋　酋　酋　酋　酋

2　小挑战：按正确的方向描写出缺少的汉字笔画。

التحديات الصغيرة: أكمل الجزء الناقص للكلمات التالية بخطوات صحيحة.

想一想下面哪个是笔画"竖"的正确书写方向。（正确的画 √ ）

فكّر أيهما الصحيح في الجزء "shu"؟ (اكتب علامة √)

↓　从 上 到 下，　من أعلى إلى أسفل

↑　从 下 到 上，　من أسفل إلى أعلى

第 **8** 课　故事会 🔊 3-6

الدرس الثامن　　سرد القصص

第9课 看世界

هيا نشاهد العالم

الدرس التاسع

美丽的传统服饰 الملابس التقليدية الجميلة

zhōng guó
中国

ā lián qiú
阿联酋

yīng guó
英国

fǎ guó
法 国

yìn dù
印 度

tài guó
泰 国

第10课 小任务
الدرس العاشر
المهمة الصغيرة

1 录制小视频。 قم بتسجيل مقطع فيديو.

nǐ hǎo　　wǒ jiào ā lǐ　　wǒ shì ā
你好！我叫阿里。我是阿
lián qiú rén　　wǒ liù suì　　xiè xie
联酋人。我六岁。谢谢！
zài jiàn
再见！

2 制作身份卡。اصنع بطاقة شخصية.

身份卡

姓名：小静

号码：35020160927

国籍：中国

第 **11** 课　测一测
الدرس الحادي عشر　الاختبار

1 听录音，选择正确答案。　استمع إلى التسجيل، واختر الجواب الصحيح.　🔊 3-7

A　B　C

A　B　C

A　B　C

A　B　C

2 看一看，判断对错，对的画√，错的画×。

انظر إلى الصور التالية وضع علامة(√) أو (×) في المكان المناسب.

tā shì ā lián qiú rén
他是阿联酋人。

tā shì měi guó rén
她是美国人。

tā shì ā màn rén
他是阿曼人。

tā shì zhōng guó rén
她是中国人。

tā shì fǎ guó rén
他是法国人。

故事会译文
ترجمة القصص

第一单元　الوحدة الأولى

yī　èr　sān　sì　wǔ　liù　qī
一、二、三、四、五、六、七。

واحد، اثنان، ثلاثة، أربعة، خمسة، ستة، سبعة.

---

bā　jiǔ　shí
八！九！十！

ثمانية! تسعة! عشرة!

---

yī　èr　sān　sì　wǔ　liù　qī　bā　jiǔ　shí
一！二！三！四！五！六！七！八！九！十！

واحد! اثنان! ثلاثة! أربعة! خمسة! ستة! سبعة! ثمانية! تسعة! عشرة!

---

yī　èr　sān　yī　èr　sān
一、二、三，一、二、三！

واحد، اثنان، ثلاثة، واحد، اثنان، ثلاثة!

---

wǒ de hái zi ne
我的孩子呢？

أين ولدي؟

---

xiè xie
谢谢！

شكرا!

---

bú kè qi
不客气。

عفوا.

zài jiàn
再见！

مع السلامة!

zài jiàn
再见！

مع السلامة!

yī èr sān sì wǔ
一、二、三、四、五……

واحد، اثنان، ثلاثة، أربعة، خمسة...

第二单元 الوحدة الثانية

lì li   nǐ hǎo
莉莉！你好！

مرحبا، يا! ليلى!

ài shā   nǐ hǎo
艾莎！你好！

مرحبا، يا عائشة!

zhè shì wǒ de jiě jie
这是我的姐姐。

هذه أختي الكبيرة.

nǐ hǎo   wǒ jiào fǎ dì mǎ
你好！我叫法蒂玛。

أهلا وسهلا، اسمي فاطمة.

nǐ hǎo   wǒ jiào lì li
你好！我叫莉莉。

أهلا وسهلا، اسمي ليلى.

fǎ dì mǎ   nǐ jǐ suì
法蒂玛，你几岁？

يا فاطمة، كم عمرك؟

wǒ jiǔ suì
我九岁。

عمري تسع سنوات.

zhè shì wǒ de gǒu
这是我的狗。

هذا كلبي.

tā jiào shén me
它叫什么？

ما اسمه؟

tā jiào wāng wāng
它叫汪汪。

اسمه وانغ وانغ.

tā jǐ suì
它几岁？

كم عمره؟

tā sān suì
它三岁。

عمره ثلاث سنوات.

zài jiàn
再见！

إلى اللقاء!

zài jiàn
再见！

إلى اللقاء!

wāng wāng
汪！汪！

وانغ! وانغ!

第三单元 الوحدة الثالثة

ممتعة!

zhēn yǒu yì si
真 有意思！

هاها أقدر أن أطير.

hā hā　　wǒ huì fēi le
哈哈，我会飞了。

مرحبا، اسمي علي، أنا إماراتي.

nǐ hǎo　　wǒ jiào ā lǐ　　wǒ shì ā lián qiú rén
你好！我叫阿里。我是阿联酋人。

---

nǐ hǎo　　wǒ jiào xiǎo lóng　　wǒ shì zhōng guó rén
你好！我叫小龙。我是中国人。

أهلا وسهلا، اسمي شاولونغ، أنا صيني.

مرحبا، اسمي علي، أنا إماراتي.

nǐ hǎo　　wǒ jiào ā lǐ　　wǒ shì ā lián qiú rén
你好！我叫阿里。我是阿联酋人。

اسمي آنني، أنا بريطانية.

wǒ jiào ān nī　　wǒ shì yīngguó rén
我叫安妮。我是英国人。

مرحبا، اسمي علي، أنا إماراتي.

nǐ hǎo　　wǒ jiào ā lǐ　　wǒ shì ā lián qiú rén
你好！我叫阿里。我是阿联酋人。

اسمي ماتان، أنا فرنسي.

nǐ hǎo　　wǒ jiào mǎ tǎn　　wǒ shì fǎ guó rén
你好！我叫马坦。我是法国人。

هذه الإمارات، أنا أحب الإمارات!

zhè shì ā lián qiú　　wǒ ài ā lián qiú
这是阿联酋。我爱阿联酋！

词语表
الكلمات والعبارات

第一单元 الوحدة الأولى

一	yī	واحد
二	èr	اثنان
三	sān	ثلاثة
四	sì	أربعة
五	wǔ	خمسة
六	liù	ستة
七	qī	سبعة
八	bā	ثمانية
九	jiǔ	تسعة
十	shí	عشرة

第二单元 الوحدة الثانية

我	wǒ	أنا
老师	lǎoshī	معلم/ة
好	hǎo	جيد
叫	jiào	يسمي
岁	suì	سنة(لعمر)
他	tā	هو
她	tā	هي

第三单元 الوحدة الثالثة

中国	Zhōngguó	الصين
人	rén	شخص/إنسان
阿联酋	Āliánqiú	الإمارات
沙特	Shātè	السعودية
阿曼	Āmàn	عمان
埃及	Āijí	مصر
英国	Yīngguó	بريطانيا
法国	Fǎguó	فرانسا
美国	Měiguó	أمريكا